THÈSE

DE

LICENCE.

CARIS DEFUNCTIS.

TIBI

A M. le Baron

Eugène de LINGUA de SAINT-BLANQUAT.

ACTE PUBLIC

POUR

LA LICENCE

En exécution de l'Article 4, Titre 2, de la loi du 22 Ventôse an 12,

SOUTENU

Par M. Elie de BELLEGARDE,

Né à Gaillac (Tarn).

Jus Romanum.

De præscriptis verbis et in factum actionibus.

Dig. Lib. XIX., Tit. V.

Duo contractuum genera jus habuit Romanum ; erant primò : nominati contractus; secundò, innominati contractus Unusquique horum pri-
morum contractuum actione propria et speciali firmatus lege fuit Ro-

1859

manâ. Ita ex emptione venditione oriebatur actio empti et venditi, ita ex locatione conductione actio locati conducti, ita adhuc ex commodato, deposito, pignore, mandato, commodati, depositi, pignoratitia, et mandati actio. Nominati vocabantur quia actionem certam, sui generis, proprio et speciali nomine firmatam, in se semper habebant. Sed, usu interveniente, multæ fuerunt introductæ conventiones, quæ antiquo jure non prævisæ, actionem certam non habuerunt; alii fuerunt contractus, cessantibus judiciis proditis et vulgaribus actionibus, quibus proprium et speciale nomen invenire non potuerat jus civile. Hi innominati contractus vocati fuerunt, quia nominatis contractibus vel bonæ fidei opponebantur. Ad rem probandam utamur exemplo : si quis pretii explorandi gratiâ rem tradat, hìc neque est depositi locus nec commodati. Sine actione tamen manere non poterant tales contractus ; itaque ad eos pœnâ et actione firmandos introducta fuit, quæ præscriptis verbis aut in factum appellata est actio, ita vocata, quia in intentione vel formulâ primum causas actionis præscribere necesse esset.

Originem prætorianam habet hæc actio. Pomponius enim (lib. 39, ad Quintum Mucium) sic dixit : quia actionum non plenus numerus esset, ideo plerumque actiones in factum desiderantur; sed et eas actiones quæ legibus proditæ sunt, si lex justa ac necessaria sit, supplet *Prætor* in eo quod decet. Ad bene dicendum, nec demonstrationem, nec intentionem in se continet, quia propriam juris quæstionem vere non proponit, sed condemnationem.

In factum concepta actio, ad usum peregrinorum primò adhibita fuit. Posteà ad juris civilis severitatem minuendam, illam habuerunt Prætores, velut actionibus supplementum : ita alieni juris cives, in exemplo, familiæ filii, secundum jus civile, propriâ non fruentes personâ, in jus conceptâ actione uti non poterant; tunc Prætores pro illis, de in jure conceptâ actione, ad in factum conceptam actionem ducebant.

Multa variaque contractuum innominatorum sese præbere poterant genera ; ad quatuor tamen formulas aut genera, hujuscemodi conventiones reduci possunt scilicet : *Do ut des, do ut facias; facio ut des, facio ut facias.*

Videamus nunc quibus actionibus unumquidque generum firmatum est. Quoties sese præbebit una ex his quatuor formulis, erit actio. Quænam erit? Hoc præcipuè studendum.

I.

Do ut des. Multa in Digesto hujuscemodi exempla invenimus : rogasti me ut tibi nummos mutuos darem , ego cùm non haberem , dedi tibi rem vendendam, ut pretio utereris ; non est mutuum quia tibi nummos non tradidi ; non mandatum , quia gratuitum esse debet ; in [factum actio competit.

Si rem quis dat, ut rem accipiat, ille qui rem dedit , si promissam mercedem dare cessat alter , quod dedit per vulgarem legem sibi rursus tribuere solummodo potest. Sed effectum proprium ita non habebat talis contractus : præscriptis verbis et in factum conceptâ actione uti erat necesse, ut mihi des illud de quo dare convenit. Nam empti aut venditi actio, in hoc casu, mihi competere non poterat, quia non hic erat nominatus contractus.

II.

Do ut facias. Cùm tibi do pecuniam ut rem facias , dubium erit , an sit locatio, vel non. Si locari non solet factum veluti servi manumissio , non est locatio , sed innominatus contractus , qui per actionem præscriptis verbis necessè agere debet.

Hoc est exemplum : si tibi decem dedero, ut Stichum manumittas et cessaveris, confestìm agam præscriptis verbis, ut solvas quanti mea interest ; aut si nihil interest, condicam tibi, ut decem reddas. (Papinianus, lib. 2 , Quæstionum).

Si tibi areæ meæ dominium dedero, ut insulâ ædificatâ partem midi reddas, neque emptio est, quia pretii loco partem rei meæ recipio ; neque mandatum quia non est gratuitum ; neque societas quia nemo societatem contrahendo rei suæ dominus esse desinit. Si postea querela fit, præscriptis verbis agere debes.

III.

Facio ut des. Ad nullum ex nominatis contractibus hæc conventionis species accedit. Dubitandum igitur an dabitur præscriptis verbis actio. Variæ sunt jurisconsultorum decisiones. Generaliter negat Paulus; probat contrâ Pomponius. Ex variis decisionibus apparet in factum generaliter non competere, sed aliquando, quasi per exceptionem dari.

IV.

Facio ut facias. Si operas fabriles pingendas quis mihi dederit, ut totidem pietas redderem, potest ille præscriptis verbis agere.

Naturalis meus filius tibi servit; mihi tuus. Inter nos convenit ut ego tuum, tu meum manumittas. Ego manumisi, tu cessas : præscriptis verbis judicio condemnaberis in id quod meâ interest servum habere quem manumisi. In factum actio competit.

Ad breviter quæ jam diximus omnia resumendum, omnes innominati contractûs in actionem semper competunt et aliquotiès in duo : cum erit formula, *do ut des*, vel *do ut facias*, in condictionem vel præscriptis verbis actionem, competere potest actio generatim ; cùm autem formula erit *facio ut facias* vel *facio ut des*, ad actionem præscriptis verbis solummodo, aut ex delicto apud Prætorem.

Code Napoléon.

Liv. III , Tit. II.

Des donations entre-vifs et des testaments.

(De l'art. 893 à 950.)

Nous ne croyons pas pouvoir, pour traiter la matière qui nous est proposée, mieux choisir notre division qu'en adoptant celle que le Code trace lui-même ; notre travail se divisera donc en trois chapitres.

CHAPITRE PREMIER.

Dispositions générales.

Le Code nous fixe deux moyens de disposer de nos biens à titre gratuit (art. 893), les donations entre-vifs et les testaments. Disons du reste, pour mieux faire comprendre la précision de cet article , qu'autrefois dans le Droit Romain , un troisième moyen était autorisé , c'était la donation à cause de mort, que l'on a supprimée depuis. Cette donation se faisait dans le cas où l'on prévoyait un danger ; le danger passé, on avait le droit de révoquer sa disposition : ces sortes de donations étant abolies, nous n'avons pas à nous en occuper.

La donation entre-vifs est bien définie : un acte par lequel le donateur se dépouille actuellement et irrévocablement de la chose donnée en faveur du donataire qui l'accepte (art. 894).

Il faut donc pour que la donation soit réelle, un donateur qui se dépouille immédiatement et un donataire qui accepte ; si l'un des deux manquait , les éléments constitutifs n'existant pas, la donation n'aurait pas de raison d'être.

La donation a deux caractères essentiels : l'actualité et l'irrévocabilité. Mais il ne faudrait pas croire qu'il fût nécessaire de livrer la chose donnée pour que la donation eût sa valeur, car, dans les donations à condition ou à terme, la tradition ne s'opère qu'à l'expiration du terme ou à l'accomplissement de la condition , et pourtant le donateur ne possédait plus depuis le moment de l'acte.

Examinons maintenant si le Code n'a établi aucune exception à l'irrévocabilité des donations.

Nous en distinguons trois : 1o Lorsque le donataire ne satisfait pas aux conditions sous lesquelles a été faite la donation ; 2o pour cause d'ingratitude (art. 955) ; 3o pour survenance d'enfant postérieure à la donation.

Le testament est un acte par lequel le testateur dispose pour le temps où il n'existera plus de tout ou partie de ses biens ; le testament est révocable. (art. 895).

Notre Droit, moins sévère que le Droit Romain, qui voulait que le testateur eût fait institution d'héritier pour la validité du testament, notre Droit, dis-je, permet de disposer de ses biens sous forme de legs universel, à titre universel ou à titre particulier.

Le point capital de différence des donations entre-vifs et des testaments, c'est d'un côté le caractère essentiel d'irrévocabilité, et de l'autre‘ le caractère essentiel de révocabilité.

L'art. 896 du Code nous dit: Les substitutions sont prohibées. —Quelles raisons ont pu faire supprimer ce que les Romains nommaient un fidéi-commis? Celles qui nous semblent les plus vraisemblables, c'est que les substitutions changeaient l'ordre naturel des successions; de plus, les créanciers qui ne pouvaient poursuivre le paiement sur des biens hors du commerce, étaient injustement lésés: on a aussi considéré que ces substitutions donnaient lieu à des procès de famille et que l'intérêt de la morale demandait la cessation du spectacle affligeant offert par ces difficultés entre parents. — Faut-il considérer comme une substitution le fait d'un testateur qui aurait donné à l'un la nue propriété, et l'usufruit à l'autre? le Code est formel à cet égard et autorise parfaitement cette disposition (art. 899). Le Code admet aussi qu'il est loisible à un individu de léguer telle chose à tel autre, si le premier légataire la refuse (art. 898).

Les conditions contraires aux lois et aux bonnes mœurs ne sont pas une cause de nullité des donations et testaments; elles seront, dit la loi, réputées non écrites. La question de savoir jusqu'à quel point cette disposition est sage est controversée. Il nous semble que le donateur ayant toujours pour but spécial de donner, on ne doit pas, à cause d'une disposition incidente, le priver du bénéfice de son acte.

CHAPITRE II.

De la capacité de donner et de recevoir soit par donation entre-vifs, soit par testament.

La première condition qu'impose le Code pour pouvoir disposer par donation entre-vifs ou par testament, c'est qu'il faut être sain d'esprit (art. 901); mais il faut l'être au moment de la confection de l'acte; peu importerait pour sa validité qu'on ne le fût pas continuellement,

2

pourvu qu'il fût bien établi qu'on jouissait de la plénitude de ses facultés au moment de la disposition. Faisons remarquer que dans le cas où la lucidité ne serait qu'accidentelle, c'est à celui qui a profité du bénéfice de l'acte à prouver qu'au moment de la confection le donateur ou testateur jouissait de toute sa raison, tandis que dans les autres cas c'est à celui qui attaque ces actes à prouver qu'il y a vraiment eu privation de raison.

Les interdits étant toujours considérés comme privés de raison, les donations entre-vifs ou les testaments par eux faits seront toujours nuls.

La loi a fixé l'âge auquel on pourrait tester à seize ans, et encore faut-il être majeur de cet âge, c'est-à-dire avoir dépassé sa seizième année. Il est facile de supposer les raisons qui ont porté le législateur à ne pas permettre les dispositions dont est question au-dessous de cet âge; il a voulu faire plus encore, témoigner au mineur sa sollicitude en ne l'autorisant, au-dessous de vingt-un ans, qu'à la disposition de la moitié des biens dont il aurait pu disposer au-delà.

L'art. 902 nous dit que toute personne peut disposer ou recevoir par donations ou testaments, sauf celles que la loi déclare incapables, ce sont : 1° le fou, l'insensé, l'interdit; 2° le mineur de moins de seize ans, sauf le cas de donation en faveur du mariage dans son contrat, lorsqu'il est assisté dans ces actes par les ascendants ou autres personnes dont le consentement lui était nécessaire pour contracter mariage (903); 3° enfin la femme mariée pour les donations entre-vifs, à moins qu'elle ne soit assistée de son mari ou qu'elle en ait le consentement spécial ou celui de la justice. Pour les actes testamentaires, elle rentre dans la règle commune, et peut disposer comme elle le veut, sans avoir besoin de nul consentement.

C'est surtout dans l'art. 907 que nous voyons éclater la sagesse du Code. Cette disposition a pour objet de prévenir les fraudes que le tuteur pourrait commettre en abusant de l'influence qu'il aurait sur son pupille; elle interdit au mineur, quoique ayant atteint l'âge de seize ans, de disposer même par testament au profit de son tuteur. Mais comme l'influence du tuteur se fait sentir sur le pupille même après sa majorité , tant que les comptes de tutelle n'ont pas été rendus , la loi défend encore au mineur devenu majeur de disposer, soit par donation entre-vifs , soit par testament, au profit de celui qui aura été son tuteur, jusqu'au moment où le compte définitif de tutelle aura été rendu. La loi, en protégeant les droits du pupille contre les fraudes du tuteur, n'a pas cru nécessaire de continuer sa protection , si le tuteur a été un des ascendants du mineur (art. 905) , les liens du sang et de l'affection que la nature inspire aux ascendants à l'endroit des pupilles, semblent être d'assez sûrs garants.

Une autre question doit être envisagée. Quelles sont les conditions requises pour être apte à recevoir soit par donations entre-vifs , soit par testaments ?

Il suffit d'être conçu au moment de la donation ou à l'époque du décès du testateur ; néanmoins , la donation ou le testament n'aura d'effet que si l'enfant est né viable (906). Il faut aussi jouir de ses droits civils et ne pas être frappé d'incapacité relative ; ainsi les enfants naturels ne peuvent, par donations entre-vifs ou par testament , recevoir plus qu'il ne leur est accordé au titre des successions (908), c'est-à-dire suivant qu'ils se trouvent en concours avec des descendants des ascendants ou des frères et sœurs ou d'autres collatéraux, le tiers, la moitié , les trois quarts de ce qu'ils auraient eu, s'ils eussent été légitimes.

Les docteurs médecins ou chirurgiens et les pharmaciens qui auront traité une personne pour une maladie dont elle meurt, ne pourront profiter des dispositions entre-vifs ou testamentaires qu'elles auraient faites en leur faveur pendant le cours de cette maladie (909). Il faut, pour être annulée , que la disposition ait été faite pendant le cours de la dernière maladie ; les termes de l'article sont formels , et si elle avait été faite auparavant , elle serait valable, quoique plus tard l'on eût traité le disposant dans la maladie dont il est mort, et que par là on fût rentré en partie dans le cas de l'article. Les empiriques et les charlatans sont soumis aux mêmes prohibitions ; la loi ne peut pas être plus indulgente pour ceux qui exercent la médecine , ou vendent des remèdes sans en avoir le droit, que pour ceux qu'elle reconnaît aptes à remplir ces professions. D'ailleurs si l'on trouve cette disposition dans la loi , c'est que l'on suspecte l'influence que les médecins, chirurgiens , etc. , etc. , exercent sur leurs malades. Or, le caractère peu honorable des empiriques et des charlatans est assurément une raison de plus de se méfier de leur désintéressement , et les moyens excentriques qu'ils emploient leur donnent ordinairement une influence plus grande sur l'esprit des malades assez faibles pour se confier à eux. La prohibition portée par cet article existe, quelle que soit la longueur de la maladie qui occasionne la mort. Les ministres des cultes sont assimilés aux médecins ; mais pour qu'ils soient frappés de cette incapacité , il faut qu'ils aient rempli à l'égard des malades les fonctions de leur ministère , et que ces fonctions aient pu impressionner l'imagination du malade.

Cependant, si la disposition faite en faveur des médecins ou autres était à titre particulier ou rémunératoire, il faudrait, avant de la faire réduire, avoir égard à la fortune du disposant , et aux services rendus , car si le legs ou la donation n'était pas exhorbitant , il rentrerait dans la première exception de l'art. 909 et ne pourrait être réduit. La seconde exception est celle qui permet les dispositions universelles dans le cas de parenté jusqu'au quatrième degré inclusivement, pourvu toutefois que le disposant n'ait pas d'héritier en ligne directe, à moins que celui au profit de qui la disposition est faite ne soit du nombre de ces héritiers.

L'art. 911 défend d'éluder les dispositions ci-dessus par des libéralités faites à des personnes interposées et il explique ce que la loi entend par ces mots personnes interposées , qui sont les pères , mères, enfants descendants et époux de la personne incapable de recevoir. Sans cette disposition , il eût été trop facile d'éluder la loi.

Pour valider les dispositions en faveur des hospices, pauvres d'une commune et tout établissement d'utilité publique , il faut l'aveu du gouvernement. (910).

CHAPITRE III.

De la portion des biens disponibles et de leur réduction.

Les matières qui composent ce chapitre nous paraissent trop difficiles à saisir, envisagées dans leur ensemble; aussi croyons-nous devoir les diviser en deux paragraphes.—Un patrimoine se compose de deux parts: 1º la part disponible, et 2º la réserve. Le premier paragraphe parlera donc de la quotité disponible, et le second de la manière de procéder pour réduire les dispositions qui excèdent la réserve.

§ 1.

De la portion des biens disponible.

Il y a deux classes de personnes ayant droit à la réserve : ce sont les descendants et les ascendants.

Lorsqu'il s'agit des enfants ou descendants, la masse de la réserve augmente ou diminue, suivant qu'ils sont en plus ou moins grand nombre. Ainsi lorsque l'on n'a qu'un seul enfant ou ses représentants , on peut disposer de la moitié de ses biens; si l'on en a deux ou leurs représentants , la portion des biens réservés s'accroît jusqu'aux deux tiers ; enfin si l'on a trois enfants ou leurs représentants , la réserve totale s'élève aux trois quarts de ce que l'on possède, et l'on n'est plus maître de disposer à titre gratuit , que du quart de sa fortune. (Art. 913 , 914). Les enfants adoptifs ont les mêmes droits que les enfants légitimes. L'enfant naturel a aussi droit à une réserve qui est du tiers , de la moitié ou des trois quarts de celle à laquelle il aurait pu prétendre , s'il eût été légitime.

Les enfants absents ne comptent pas ; on ne peut en effet réclamer un droit du chef de l'absent qu'en justifiant qu'il existait au moment où ce droit s'est ouvert ; mais s'ils ont des descendants , ceux-ci viennent par représentations.

Si la personne qui a fait des libéralités ne laisse pas d'enfants , ses ascendants ont droit à une réserve qui est de la moitié, si ses ascendants sont dans les deux lignes paternelles et maternelles ; et du quart s'il n'en existe que dans une ligne. Les biens réservés aux ascendants seront par eux recueillis dans l'ordre où la loi les appelle à succéder ; ils ont seuls droit à cette réserve dans tous les cas où un partage en concurrence avec des collatéraux, ne leur donnerait pas la quotité des biens à laquelle elle est fixée. (915).

Les pères et mères adoptifs n'ont pas de réserve sur les biens de leurs enfants; mais la loi leur accorde la faculté de reprendre ce qu'ils auraient donné et qui se trouverait dans la succession de l'adopté. (351). Quant au père et mère de l'enfant naturel reconnu, la jurisprudence paraît fixée en ce sens qu'ils ont droit par réciprocité à une réserve sur les biens de leur enfant.

Les ascendants qui se trouveraient en concours avec des collatéraux, commenceraient à prendre la part qui leur revient à titre de réserve, et les collatéraux ne viendraient ensuite à la succession que pour ce qui resterait, et pour ce que le disposant aurait eu la faculté de donner par acte entre vifs ou par testament.

Les libéralités pourront (916) épuiser la totalité des biens à défaut d'ascendants et de descendants. Ainsi, la donation faite par contrat de mariage par l'un des époux à son conjoint de tous ses biens, recevrait tout son effet s'il ne laissait, en mourant, ni ascendants, ni descendants.

Le Code, dans les art. 917 et 918, s'occupe de l'exercice de la réserve, Lorsqu'il y a des dispositions, en usufruits ou en rentes viagères, ou lorsqu'il y a des aliénations, soit à charge de rente viagère, soit à fonds perdu, ou, enfin, avec réserve d'usufruit.

Dans notre ancien Droit, la question de savoir comment devaient être traitées les libéralités n'ayant pour objet que l'usufruit, et non la nue propriété des biens, soit par rapport à la légitime, dans les pays de droit écrit, soit à la réserve, dans les pays de droit coutumier, était très-controversée. Deux opinions se trouvaient en présence : l'une soutenait que les dispositions d'usufruit devaient être traitées comme les dispositions de pleine propriété, et voulait que la portion disponible se calculât quant à la propriété et quant au revenu, qui devraient rester dans les mêmes limites, intacts l'un et l'autre ; suivant l'autre opinion, cette portion indisponible ne devait se calculer que pour l'ensemble de la propriété, de telle sorte que la disposition ne fût pas réductible, si la nue propriété laissée à l'héritier avait assez de valeur pour représenter la fraction de patrimoine exigée par la loi, sous le nom de réserve. Les rédacteurs du Code Civil penchèrent d'abord, malgré sa sévérité, pour la première opinion, qu'ils modifièrent ensuite, en laissant à celui qui doit profiter de la réserve, le choix d'exécuter cette disposition ou d'abandonner la quotité disponible (917).

Y aura-t-il excès de la quotité disponible et devra-t-on recourir à une réestimation par experts, par le seul effet de ces expressions : *dont la valeur excède la quotité disponible?* Non. Les héritiers à réserve peuvent, d'après leur propre opinion sur la valeur des biens, faire abandon de la quotité disponible en propriété. Cela résulte de la discussion au Conseil d'Etat sur l'art. 917 et de la doctrine des auteurs.

L'aliénation qui aurait été faite en faveur de successibles, soit à charge de rente viagère, soit à fonds perdu, ou avec réserve d'usufruit, est considérée comme une libéralité réductible dans les limites de la réserve. La valeur des biens ainsi aliénés en pleine propriété est imputée sur la quotité disponible, et l'excédant, s'il y en a, se rapporte à la masse. Le législateur n'a pas voulu, dans ces circonstances, qu'on eût recours au mode d'estimation ordinaire, d'après lequel l'usufruit est considéré comme l'équivalent de la moitié en pleine propriété, et la rente viagère comme représentant un capital dont l'intérêt serait calculé à 10 p. 100. Toutefois, les successibles en ligne directe qui auraient consenti à ces aliénations, ne sont pas recevables à demander l'imputation ou le rapport dont il s'agit. Par successibles la loi entend désigner ici, non pas les héritiers qui n'ont cette qualité qu'au décès, mais les parents qui se trouvaient successibles ou héritiers présomptifs, lorsque l'acte d'aliénation auquel ils ont donné leur consentement a été passé. Il est hors de doute que si, parmi les successibles, il y en avait qui eussent donné leur consentement et d'autres qui l'eussent refusé, l'aliénation serait considérée comme à titre onéreux à l'égard des premiers seulement, et comme dispositions gratuites à l'égard des derniers. En effet, les droits des héritiers auxquels la loi accorde une réserve, sont divisibles entr'eux, et le fait de l'un d'eux ne peut nuire aux autres ni leur profiter.

Les collatéraux n'ayant droit à aucune réserve, on conçoit aisément que l'art. 918 ne les admette, dans aucun cas, à exercer l'action qu'il accorde aux autres successibles. La quotité disponible peut être donnée, en tout ou en partie, à un ou plusieurs enfants du donateur, avec dispense de rapport, car autrement le successible serait tenu d'en faire le rapport à la succession, conformément à l'art. 843. La dispense de rapport, qu'on nomme *préciput*, doit être formellement déclarée.

§ II.

De la réduction des donations et des legs.

La fortune du disposant n'étant définitivement fixée qu'à l'ouverture de sa succession, ce n'est qu'à cette époque que peuvent être demandées les réductions à faire sur les donations et sur les testaments qui excèdent la quotité disponible. Du reste, ce n'est qu'à ce moment qu'il est permis à l'héritier de demander la réduction des libéralités du disposant, car ils n'ont aucun droit sur l'héritage qui n'existe pas, *nulla est viventis hereditas*.

Les créanciers et les légataires du défunt ne pourront demander la réduction ; car cette réduction ne s'opère qu'en faveur des héritiers à réserve , mais les créanciers de l'héritier qui négligeraient de demander la réduction, pourraient la demander en exerçant les droits de leur débiteur , et comme ses ayants-cause (1166).

Pour déterminer la réduction , on fait une masse de tous les biens qui sont dans la succession du donateur ou du testateur ; on y réunit fictivement les biens dont le défunt a disposé entre-vifs , et sur cette masse

ainsi composée , après en avoir déduit les dettes et les charges de l'hé-
rédité , on calcule la quotité dont il a pu disposer , eu égard au nombre
et à la qualité de ses héritiers.

Les libéralités imputables sur le disponible subissent la réduction par
ordre de date , en commençant par les plus récentes ; cette règle s'applique aux donations entre époux , comme aux autres, elle s'applique
aussi aux dons de pré-succession auxquels les bénéficiaires ont renoncé ;
mais vis-à-vis des libéralités ordinaires , leur date est celle de la re-
nonciation qui transforme les dons de pré-successions en dons purs et
simples. Si un donateur se trouve insolvable et que son insolvabilité
soit antérieure au décès , elle tombe sur le patrimoine ; c'est-à-dire que
toute insolvabilité existant au décès chez l'un des donataires opère une
diminution de la masse entière, en sorte qu'elle est supportée, pour des
parts proportionnelles , par les deux portions disponibles et réservées de
cette masse.

Si la donation entre-vifs a été faite à l'un des successibles, il peut re-
tenir sur les biens donnés la valeur de la portion qui lui appartiendrait
comme héritier dans les biens non disponibles , s'ils sont de même nature (924). En effet , à quoi bon déposséder le donataire des biens qu'il
a depuis long-temps , quand le partage doit lui attribuer à peu près des
biens semblables et peut-être les mêmes.

Quant aux légataires , les dispositions faites en leur faveur sont sans
effet , lorsque la quotité disponible est épuisée par les donations entre-
vifs , les testaments ne pouvant conférer de droits aux légataires qu'au
décès du donateur.

Quand le montant des legs excède le disponible qui peut être employé
à leur acquittement, tous ces legs se réduisent au marc le franc, hormis
ceux que le testateur a formellement déclarés devoir être acquittés de
préférence aux autres ; il en est ainsi de celui qui a la préférence , si
l'on ne trouve pas dans les premiers de quoi parfaire la réserve
(926 , 927).

Pour arriver à la réduction , on compare ce qui manque à la ré-

3

serve, à la valeur totale des legs, pour savoir dans quelle proportion cette valeur totale doit être réduite. Cette proportion est la même pour chaque legs en particulier.

Le donataire devra restituer les fruits de ce qui excède la quotité disponible, à compter du jour du décès du donateur. En effet, le donataire aura pu les consommer jusqu'à ce jour de bonne foi, ignorant quelle serait l'importance de la succession, et par suite, s'il serait oui ou non sujet à réduction. Mais du jour du décès, la fortune exacte est arrêtée, et c'est à lui à faire ses calculs pour voir s'il est sujet à la réduction.

Les immeubles à recouvrer par l'effet de la réduction le seront sans charges de dettes ou hypothèques créées par le donataire ; c'est l'application du principe : *resoluto jure dantis, resolvitur jus accipientis.* Le donateur n'avait pas le droit de disposer de ses biens au-delà de la quotité fixée par la loi.

Par application du même principe, les héritiers peuvent exercer leurs actions en réduction ou revendication contre les tiers détenteurs des immeubles donnés, qui auront été aliénés par les donataires. Ceux-ci n'ayant pu transmettre à leurs acquéreurs qu'un droit résoluble en tout ou en partie, on devra observer le même ordre à l'égard des donataires, qui devront être préalablement discutés dans leurs biens, et de même que pour les donataires, on commencera par attaquer les aliénations les plus récentes.

POSITIONS.

I. N'y avait-il, dans l'ancien Droit, que ces deux moyens de disposer à titre gratuit la donation entre-vifs et les testaments. — Oui.

II. Quel était ce troisième moyen? — La donation à cause de mort.

III. La donation est-elle un contrat ? — Oui.

IV. Les donations et testaments peuvent-ils être annulés pour cause de suggestion? — Oui.

V. La donation d'une somme payable au décès du donateur est-elle valable ? — Oui.

VI. La donation faite par une femme à son mari, médecin, pendant la maladie dont elle est morte, est-elle valable? -- Oui.

Procédure Civile.

De la Conciliation.

Livre II. — Titre I.

La conciliation est une procédure préliminaire devant le juge de paix, dans le but de provoquer une transaction entre parties sur le point de plaider.

La conciliation est donc une procédure qui ne ressemble en rien aux autres et n'a pour but qu'un fait tout moral. En effet tenter un rapprochement entre les plaideurs, les arrêter sur le seuil du procès, éviter des frais de justice toujours considérables, la plupart du temps d'une valeur supérieure à l'objet litigieux, n'est-ce point une saine pensée de morale, surtout si l'on considère que le procès une fois entamé, l'on voit les parties livrées aux emportements de la haine , chercher à se nuire l'une à l'autre et perpétuer une inimitié dont la cause aura souvent été futile.

L'art. 48 du Code de Procédure nous indique la marche à suivre pour traiter notre sujet , citons-le dans son entier :

Art. 48. Aucune demande principale introductive d'instance entre parties capables de transiger, et sur des objets qui peuvent être la matière d'une transaction, ne sera reçue dans les tribunaux de première instance, que le défenseur n'ait été préalablement appelé en conciliation devant le juge de paix ou que les parties n'y aient volontairement comparu.

En étudiant cet article, j'y trouve la matière de 5 paraphes :

1o Quelles sont les demandes soumises au préliminaire de la conciliation.

2o Quelles sont celles qui n'y sont point soumises ?

3o Quel sera le juge compétent devant qui devra être fait cet essai ?

4o Quelle sera la procédure à suivre ?

5o Quels seront les effets de la conciliation ?

§ 1.

Des demandes soumises au préliminaire de la conciliation.

Un tribunal de conciliation avait été créé par l'Assemblée constituante pour que toutes les demandes, soit en première instance, soit en appel, soient portées devant lui. Cette procédure devenait inutile en appel, car après de vaines tentatives faites en première instance et l'excitation inévitable des parties, après les plaidoiries, comment supposer qu'elles s'accordent ? Aussi le Code de Procédure n'a ordonné le préliminaire de la conciliation que pour toute demande principale introductive d'instance. La demande principale est celle en vue de laquelle les parties vont engager le procès, et la demande introductive celle qui tend à saisir un tribunal de la connaissance d'une cause.

§ 2.

Des demandes qui ne sont point soumises au préliminaire de la conciliation.

Les demandes principales et introductives d'instance sont donc soumises au préliminaire de la conciliation. L'art. 49 pose de nombreuses exceptions à cette règle générale.

Exceptions relatives à la qualité et à la capacité des personnes. — Sont dispensées du préliminaire de conciliation : les demandes qui intéressent l'Etat et le domaine, les communes, les établissements publics, les mineurs, les interdits, les curateurs aux successions vacantes. Il est clair que puisque l'essai de la conciliation est exigé dans le seul but de faire intervenir une transaction entre parties, celles-ci doivent avoir la capacité de transiger. Les personnes, soit morales, soit intellectuelles, que nous venons d'énumérer, ne pouvaient y être soumises vu leur incapacité. Nous ajouterons aux exceptions précédentes celle de la femme mariée incapable de contracter (Cod. Nap., 1134), et celle du prodigue muni d'un conseil judiciaire.

Exceptions relatives au nombre des parties. — Sont encore dispensées du préliminaire de la conciliation les demandes formées contre plus de deux parties, encore qu'elles aient le même intérêt. On ne peut pas croire que lorsque plusieurs intérêts viendront se croiser, s'entrechoquer, vu le nombre des parties, l'entente puisse être facile ; elle sera même impossible ou tout comme. De là si le législateur n'avait pas pris le parti de les en dispenser, des frais inutiles, des lenteurs, que la loi voudrait éviter, et que ne compenseraient point les probabilités plus ou moins fondées d'une conciliation entre plus de trois parties.

Exceptions relatives au but de la demande. Les demandes qui requièrent célérité font aussi exception, parce que la conciliation entraîne des lenteurs qui eussent été souvent regrettables ; les demandes de mise en liberté sont aussi exceptées. On comprend aisément pourquoi, et il est inutile de l'expliquer. Sont encore exceptées les demandes en matière de commerce, car le commerce s'exerçant sur des objets mobiliers qui peuvent être facilement déplacés, il était urgent de ne pas laisser échapper ces objets, gage souvent unique du créancier. Ajoutons encore les demandes en paiement de loyers, fermages, ou arrérages de rentes ou de pensions, ainsi que celles en main-levée de saisie, ou opposition : les premières, parce qu'elles privent souvent un individu de ses moyens d'existence, les secondes, parce qu'elles nuisent au crédit de l'individu.

Exceptions relatives à la nature de la demande. — L'art. 48 étant formel, et ne soumettant à la conciliation que les demandes principales introductives d'instance, les demandes incidentes en sont donc dispensées : telles les demandes de paiements d'intérêts d'un capital réclamé, les demandes en intervention, en garantie, en vérification d'écritures, en désaveu, en renvoi, qui dépendent presque toujours d'une demande principale. Si elles étaient faites principalement, nous croyons qu'elles devraient rentrer dans la règle générale.

§ III.

Du juge compétent en matière de conciliation.

Pour connaître quel est le juge compétent en matière de conciliation, rapportons-nous en à l'art 50.

Il dit que le défendeur sera cité en conciliation, en matière personnelle et réelle devant le juge de paix de son domicile ; s'il y a deux défendeurs, devant le juge de paix de l'un d'eux, au choix du demandeur. L'action est personnelle, lorsqu'on tend à faire déclarer obligé envers soi une personne qu'on allègue l'être; elle est réelle, lorsque, sans prétendre qu'une personne est obligée envers soi, on revendique d'elle une chose, un immeuble par exemple, dont on prétend être le propriétaire. L'obligation de citer le défendeur devant le juge de paix de son domicile a sa raison d'être en ceci: qu'il ne pouvait dépendre du caprice d'un demandeur, agissant quelquefois sans aucune espèce de fondement, d'obliger une personne à quitter le siége de ses affaires pour aller défendre fort loin à une action méchamment intentée. Lorsqu'il y a deux défendeurs, comme ils auront probablement le même intérêt, des moyens de défense communs, l'action sera portée, au choix du demandeur, devant le juge du domicile de l'un d'eux.

Les demandes entre héritiers, en matière de succession jusqu'au partage inclusivement, les demandes formées par les créanciers du défunt avant le partage, seront portées devant le juge de paix du lieu où la succession est ouverte. Ce juge sera, en effet, par sa position, plus apte à apprécier ces sortes d'actions, il pourra souvent connaître le défunt, les héritiers, les forces de la succession et les biens qu'elle contient.

§ IV.

De la procédure en matière de conciliation.

Les parties, nous dit l'art. 48, pourront comparaître volontairement devant le juge de paix, qui leur donnera acte de leur comparution. Mais ce sera certainement le cas plus rare, et le plus souvent il sera besoin d'un appel direct au défendeur. Cet appel aura lieu par voie de citation (sera cité art. 48). Cette citation doit être faite par un huissier de la justice de paix du défendeur. Elle énoncera sommairement l'objet de la demande (art. 52); pour le surplus des énonciations, telles que celle de la date du jour, du mois, de l'an, domicile des parties, elles sont les mêmes que celles requises pour les citations énumérées en l'art. 1er du Code de Procédure. Le délai de la citation sera de trois jours au moins, mais trois jours, entre celui de la remise de la citation et celui de la comparution. Les parties pourront comparaître par elles-mêmes, ou par un fondé de pouvoir (art. 53). Cette latitude leur est donnée, pourvu qu'elles aient des raisons légitimes de ne pas comparaître elles-mêmes ; dans la pratique, cette restriction est oubliée. Le fondé de pouvoir peut être toute personne capable d'en représenter une autre : ainsi, elle peut être aujourd'hui un avocat, un avoué, ou tout homme de loi.

Supposons les parties devant le juge de paix, le demandeur (art. 54) doit formuler sa demande, produire ses moyens, développer ceux qui ont été énoncés sommairement dans la citation , ajouter de nouvelles conclusions, pourvu qu'elles soient en rapport avec les premières. — Le défendeur peut exposer ses moyens de défense, former les demandes qu'il jugera convenables, en rapport, toutefois, avec les prétentions du demandeur. Les parties entendues , le juge de paix usera de son ministère pour les amener à une transaction , et dressera un procès-verbal dans lequel seront contenues les conditions de l'arrangement s'il y a lieu; dans le cas contraire il fera mention de la non-conciliation. Si l'une des parties défère à l'autre le serment , le juge de paix le recevra , ou bien fera mention du refus de le prêter; le serment pouvant suppléer les preuves, et finir ainsi un procès prêt à s'engager , doit, dans le cas où les parties voudraient y recourir , être mentionné dans le procès-verbal.

§ 5.

Des effets de la conciliation.

En cas de non-comparution, le défendeur sera condamné à une amende de dix francs, amende assez modique, il est vrai, mais qui dans le cas où elle ne serait pas acquittée, aurait pour résultat de lui faire refuser toute audience , ce qui entraînerait sa condamnation par défaut.

Le procès-verbal de conciliation , dans les cas où elle aura lieu, donnera aux conventions y relatées force d'obligation privée ; c'est-à-dire qu'il fera bien foi comme un acte authentique jusqu'à inscription de faux , mais ce ne sera point un véritable jugement emportant soit hypothèque , soit exécution , puisqu'il n'émanera pas d'un véritable juge. Tel est le sens de ces mots : force d'obligation privée.

La citation en conciliation aura pour effet d'interrompre la prescription et de faire courir les intérêts dans le cas où elle sera suivie d'une demande en justice , dans le mois à dater de la non-comparution , ou de la non-

4

conciliation , c'est-à-dire qu'une prescription qui allait s'accomplir au détriment du demandeur, sera interrompue par la citation : il ne pouvait pas en être autrement ; car du moment que le préliminaire de la conciliation est imposé à toute demande introductive d'instance, si cette demande seule était interruptive de la prescription , il est évident qu'à l'instant où l'on reconnaîtrait son droit, s'il ne restait que quelques jours, il serait fatalement prescrit.

La disposition de l'art. 57 est donc juste et sage quant à ce qui regarde la prescription; elle nous semble ne l'être pas moins en ce qui concerne les intérêts.

Droit Criminel.

De la minorité en Droit Criminel.

(Code Pén. Art. 66 à 69).

Art. 66. Lorsque l'accusé aura moins de seize ans, s'il est décidé qu'il a agi sans discernement, il sera acquitté ; mais il sera, selon les circonstances, remis à ses parents ou conduit dans une maison de correction pour y être élevé et détenu pendant le nombre d'années que le jugement déterminera, et qui toutefois ne pourra dépasser l'époque où il aura accompli sa vingtième année.

En matière criminelle la loi a voulu donner une nouvelle preuve de sa sollicitude à l'égard des faibles, elle a justement supposé que l'enfant qui n'a pas encore atteint sa seizième année, n'agissait pas avec connaissance de cause, et que tel délit ou tel crime commis par lui devait avoir une sanction spéciale, nullement semblable à celle applicable à ce même crime ou à ce même délit, étant le fait d'un homme mûr et ayant pu savoir et discerner les conséquences qui en découleraient.

A ce point de vue, elle a exigé que le jury soit interrogé, à l'effet de savoir, si l'enfant a agi avec ou sans discernement, n'ignorant pas, que tel fait punissable chez tel enfant, dont l'intelligence et la raison ont devancé l'âge, donnait à tel autre moins bien doué des droits à l'indulgence et au pardon. Le jury a donc à répondre à cette question : Y a-t-il eu discernement? Cette question posée, une majorité de huit voix sur douze doit la résoudre.

Si la réponse du jury est négative, l'enfant, suivant les circonstances, c'est-à-dire, si ses parents peuvent l'élever, leur sera rendu ; s'ils sont dans une position qui ne leur permette pas une surveillance assez active, il sera reclus dans une maison de correction pour un temps qui ne pourrra dépasser sa vingtième année révolue.

Si cette même réponse du jury est affirmative, l'enfant est déclaré coupable ; mais de ce que cet enfant a pu d'une manière relative agir avec discernement, s'ensuit-il qu'il ait eu cette puissance de raison qui permet de calculer les suites d'un acte commis par un homme de vingt-un ans, et s'il est coupable l'est-il au même degré que cet homme? Non certes, et la loi a consacré cette opinion dans l'art. 67 du Code Pénal, qui fixe les divers degrés de pénalité du mineur de seize ans.

Nous ne croyons pas pouvoir rendre d'une façon plus claire la pensée du législateur qu'en le citant lui-même :

Art. 67. S'il est décidé qu'il a agi avec discernement, les peines seront proconcées ainsi qu'il suit : S'il a encouru la peine de mort, des
travaux forcés à perpétuité ou de la déportation, il sera condamné à la
peine de dix à vingt ans d'emprisonnement dans une maison de correction ; s'il a encouru la peine des travaux forcés à temps ou de la
réclusion, il sera condamné à être enfermé dans une maison de correction pour un temps égal au tiers au moins et à la moitié au plus de celui
auquel il aurait pu être condamné à l'une de ces peines. Dans tous ces
cas il pourra être mis sous la surveillance de la haute police pendant
cinq ans ou dix ans au plus.

Une réflexion à ajouter : l'enfant condamné, pour vol par exemple, à quatre ou cinq ans de réclusion, après l'expiration de sa peine
s'il a été décidé qu'il avait agi sans discernement, commet un nouveau
méfait de ce genre, devra-t-il être poursuivi en récidive ? Nous ne
saurions adopter l'affirmative, et nous croyons que l'enfant qui a été
privé de sa liberté n'a pas subi, dans ce cas, la peine d'un premier
délit dont le jury l'a déclaré innocent. Dans le cas contraire, si le jury
a décidé qu'il y avait eu discernement, la récidive peut être poursuivie,
car il y a alors eu une vraie condamnation.

Nous n'avons pas encore parlé des peines correctionnelles dont s'occupe l'article 69.

Quelques mots la-dessus :
Toute peine correctionnelle ne pourra être infligée à un mineur qu'à
la condition qu'elle sera moindre au moins de moitié de celle qu'eût
encourue un majeur. La loi a voulu protéger l'enfant non seulement

dans les grandes peines, mais encore dans les petites , et l'article 69,. sans autre explication , nous semble découler tout naturellement de l'art. 66.

Cette Thèse sera soutenue , en séance publique , dans une des salles de la Faculté , le 20 Janvier 1859.

Vu par le Président de la Thèse ,

LAURENS.

Toulouse , Troyes Ouvriers Réunis, imprimeurs-libraires, r. St-Pantaléon.

9 782019 994372